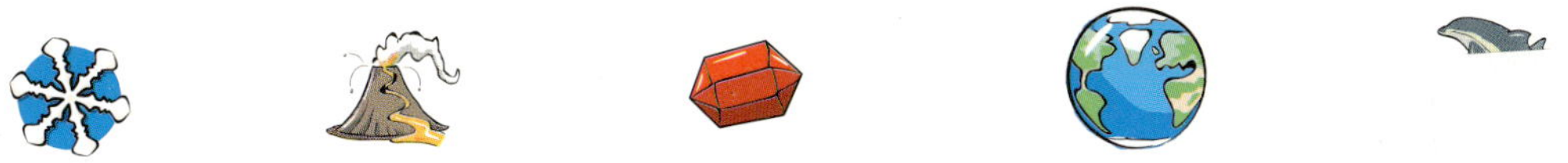

E.T.

L'EXTRA-TERRESTRE

TE FAIT DÉCOUVRIR

La Terre

Simon Smiley

KINGFISHER/UNIVERSAL

Première publication par Kingfisher Publications Plc en 2002 sous le titre :
E.T.™ The Extra-Terrestrial discovers The Earth.

Auteur : Simon Smiley.
Édition : Belinda Weber, Christine Hatt, Eljay Yildirim,
Dean Price, Nicky Studdart, Debbie Otter et Kelly Johnson.

Édition française

Réalisation : Télémaque International
en collaboration avec Véronique Duthille et Anaël Dena.

N° d'Éditeur : 10091366
ISBN : 2-09-240457-1
Dépôt légal : mars 2002
Imprimé en Italie

Sommaire

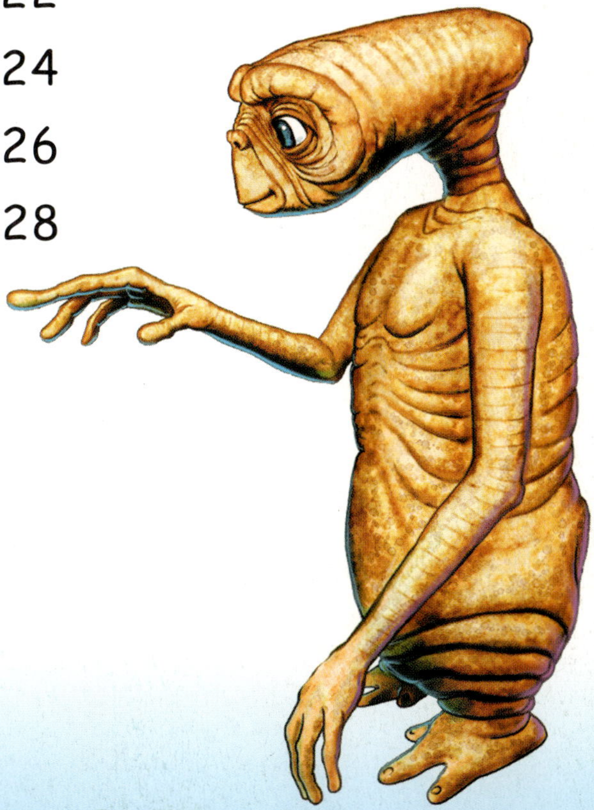

La Terre dans l'espace

La Terre est l'une des neuf planètes qui tournent autour du Soleil. Le Soleil est une étoile parmi des millions d'autres. Mais aucune n'est aussi proche de nous, ni aussi brillante. Vue du vaisseau de E.T., notre Terre a l'air d'une boule bleue.

Il n'y a pas de mer sur les autres planètes, qui sont soit trop chaudes soit trop froides.

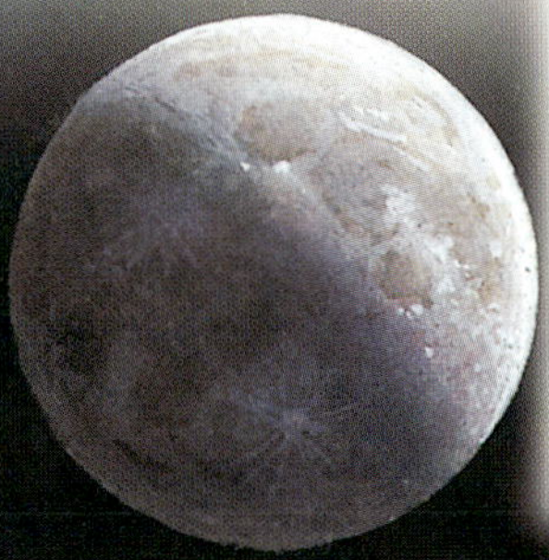

La Lune tourne autour de la Terre comme la Terre tourne autour du Soleil. La Lune est la seule planète que les hommes aient visitée.

Comment s'est formée la Terre ?

D'après les savants, le Soleil et les planètes se sont formés à partir d'un nuage de poussière et de gaz. Il y a 4 600 millions d'années, la gravité a comprimé ce nuage, qui a donné le Soleil et des planètes moins chaudes.

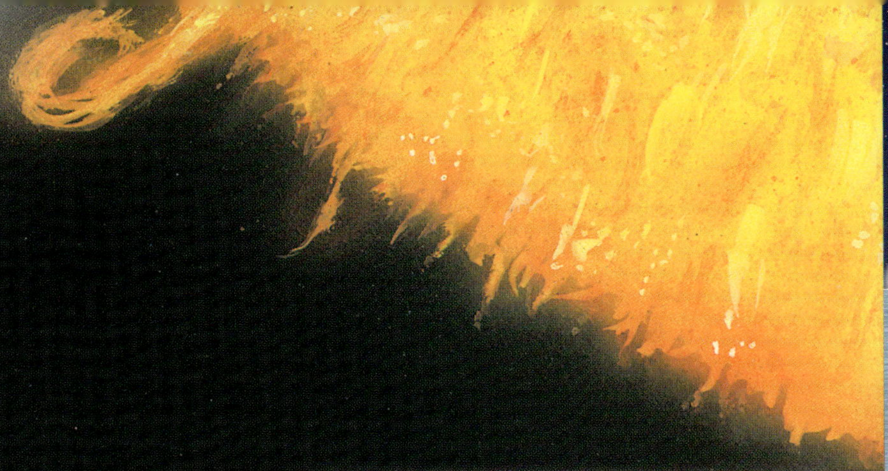

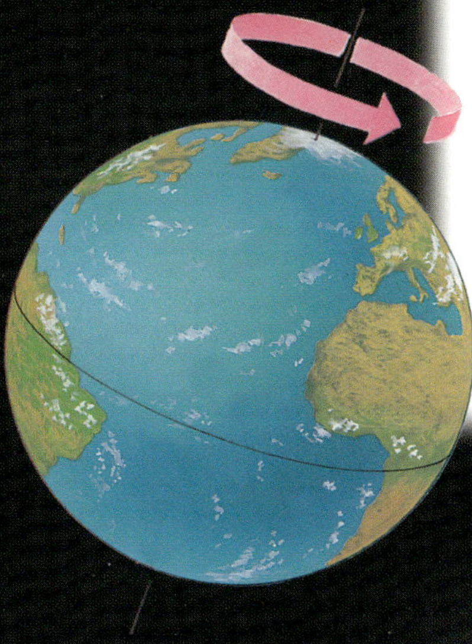

Jour et nuit

Chaque jour, la Terre fait un tour complet. C'est ce qui donne le jour et la nuit. L'aube se lève dans les régions qui vont bientôt faire face au Soleil. Un demi-tour plus tard, la nuit tombe dans ces endroits-là, car ils entrent dans l'ombre de la Terre.

Gravité

Une force invisible, la gravité, attire les objets lourds les uns vers les autres. Dans l'espace, la gravité fait que les planètes tournent autour du Soleil sans dévier. La gravité attire ce qui est sur la Terre vers son centre : c'est la pesanteur. Sans la pesanteur, on flotterait dans l'air.

BOÎTE À INFOS

E.T. a recueilli tant de faits fascinants qu'il va pouvoir les envoyer sur sa planète, pour qu'ils soient analysés.

Pour échapper à la gravité terrestre, le vaisseau de E.T. doit aller à une vitesse de 11 km par seconde. C'est-à-dire 40 fois plus vite qu'un avion à réaction.

La rotation de la Terre ralentit – lentement. Dans 50 000 ans, chaque jour durera une seconde de plus.

La Terre met 365,25 jours – une année – pour parcourir son orbite (faire un tour complet autour du Soleil).

La croûte terrestre

La couche externe de notre planète est une croûte froide et dure. Mais cette croûte flotte sur des roches chaudes en mouvement. Le centre de la Terre est une boule de métal. La croûte terrestre a l'air dure, mais E.T., lui, sent que cela bouge.

Supercontinent

Il y a des millions d'années, les terres ne formaient qu'un seul continent. Ce continent s'est lentement disloqué et les morceaux se sont séparés, formant l'Afrique, l'Asie, l'Europe et les Amériques. La forme des continents montre qu'ils allaient ensemble, comme un puzzle.

DÉCOUVRE AVEC E.T.

Les plaques bougent aussi sous les mers. Près des fissures que cela provoque, il y a des trous. De l'eau bouillante, riche en minéraux, s'en échappe comme de la fumée.

La plus petite des plaques terrestres est 10 millions de fois plus grande qu'une assiette.

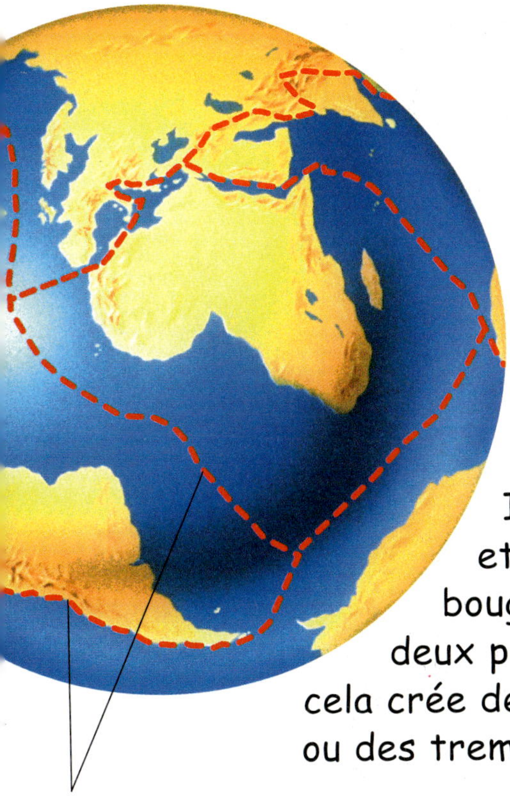

Terres errantes

La croûte terrestre est constituée de morceaux appelés « plaques ». Il y a sept grandes plaques et quelques petites. Elles bougent sans cesse. Quand deux plaques se rencontrent, cela crée des montagnes, des vallées… ou des tremblements de terre.

Les scientifiques ne peuvent aller au centre de la Terre. Mais les ondes des tremblements de terre leur donnent des indices sur ce qui s'y passe. Le noyau interne de la Terre est fait de fer solide. Le noyau externe est fait de fer liquide.

BOÎTE À INFOS

E.T. a recueilli tant de faits fascinants qu'il va pouvoir les envoyer sur sa planète, pour qu'ils soient analysés.

Les plaques terrestres se déplacent très lentement. L'Europe et les Amériques s'éloignent d'environ 2,5 centimètres par an.

Par endroits, la croûte de la Terre n'a que 6 kilomètres d'épaisseur. Un ascenseur rapide pourrait la traverser en 10 minutes seulement.

La température du noyau interne est de 5 700 °C. C'est 20 fois plus chaud que le plus chaud des fours.

Roches et minéraux

La croûte terrestre est faite de roches. Les roches sont très dures. Mais E.T. sait qu'elles ne servent pas seulement de base solide pour construire routes et maisons. Elles peuvent contenir des pierres spéciales, les minéraux, et des combustibles : charbon, gaz, pétrole.

BASALTE

Formation des roches

Les roches se sont formées de trois manières. Des matières brûlantes venant du sous-sol ont donné, en refroidissant, des roches comme le basalte. Puis ces roches se sont effritées, formant des couches. Ces couches ont durci, devenant des pierres comme le grès. La chaleur et la pression ont transformé ces pierres en une troisième sorte de roche, du type quartz.

GRÈS

QUARTZ

Le passé préservé

Les roches qui sont nées de couches de terre renferment des restes d'animaux ou de plantes : ce sont les fossiles. Le charbon, le gaz, le pétrole, sont les fossiles de forêts datant de 300 millions d'années.

TURQUOISE

GRENAT

AMÉTHYSTE

AIGUE-MARINE

DIAMANT

ÉMERAUDE

Cristaux et gemmes

Purs, les minéraux peuvent former des cristaux dans la roche. Les cristaux ressemblent à du verre, avec des angles pointus. Ils ont souvent de belles couleurs. Les gemmes, comme le diamant ou l'émeraude, sont des cristaux rares. On les taille pour en faire des bijoux.

On creuse des mines et des carrières pour trouver les minéraux. La plupart des minéraux ne sont pas assez purs pour servir directement. Pour faire de l'acier ou de l'or, des machines écrasent les roches extraites, puis en sortent le métal.

S.O.S. TERRE !

Brûler du charbon ou du pétrole dégage un gaz qui retient la chaleur du soleil. Si nous n'utilisons que ces énergies fossiles, la Terre se réchauffera, déclenchant cyclones, inondations et sécheresses.

BOÎTE À INFOS

E.T. a recueilli tant de faits fascinants qu'il va pouvoir les envoyer sur sa planète, pour qu'ils soient analysés.

Un seul minéral, la silice, constitue plus de la moitié de la croûte terrestre. La silice a plusieurs formes, dont l'améthyste fait partie.

Il y a peu d'or dans une mine d'or. Pour un anneau de mariage, des machines doivent écraser et traiter un poids de roches équivalent à une petite voiture.

Le diamant est la plus dure de toutes les pierres. Les dentistes s'en servent pour tailler les dents. Le diamant coupe aussi le verre, la pierre et certains métaux.

Une bulle de vie

La bulle d'air qui entoure la Terre s'appelle l'atmosphère. Elle procure l'oxygène et l'eau indispensables à la vie des humains. Elle nous protège des rayons nocifs venant de l'espace.

Le ballon invisible

L'atmosphère est un mélange de gaz invisibles entourant la Terre comme un ballon. Composé pour un cinquième d'oxygène, il est surtout fait d'azote. Les plantes, sur Terre, fabriquent de l'oxygène et le rejettent dans l'atmosphère.

S.O.S. TERRE !

Dans l'atmosphère, une couche de gaz (ozone) nous protège des rayons nocifs du Soleil, responsables du cancer de la peau. Les CFC, des produits contenus dans les bombes aérosols,ont fait un trou dans cette couche.

Une atmosphère retenue

La gravité retient l'atmosphère. Elle agit surtout près de la surface de la Terre, où se trouve la plus grande partie de l'atmosphère. Plus on s'éloigne, moins l'atmosphère contient d'air. L'espace commence à 160 kilomètres de la Terre, là où l'atmosphère se termine.

L'atmosphère comprend quatre couches. Le climat ne varie que dans la plus basse.

FLOCONS
DE NEIGE
EN HIVER

FLEURS AU
PRINTEMPS

Les saisons

Dans de nombreuses régions du globe, les saisons ont des climats différents. C'est parce que la Terre penche en tournant autour du Soleil. Quand la moitié du haut est la plus proche du Soleil, c'est l'été en haut et l'hiver en bas. Six mois plus tard, la moitié du bas est la plus proche, alors c'est l'été en bas et l'hiver en haut.

PRAIRIE EN ÉTÉ

FEUILLES
EN AUTOMNE

Temps venteux

Le Soleil réchauffe l'air, et l'air chaud monte. En montant, il attire de l'air. Cet air en mouvement, le vent, agite la partie la plus basse et humide de l'atmosphère. Il déplace les zones de chaleur, forme et pousse les nuages, faits d'air humide.

BOÎTE À INFOS

E.T. a recueilli tant de faits fascinants qu'il va pouvoir les envoyer sur sa planète, pour qu'ils soient analysés.

Les plantes fabriquent tout l'oxygène de l'atmosphère. Sans les plantes, l'être humain ne survivrait pas.

Les vents les plus rapides sont les ouragans. Ils tournoient au-dessus des mers chaudes à plus de 360 km/h – aussi vite qu'une voiture de course !

Au sommet de la plus haute montagne, l'Everest, l'atmosphère contient très peu d'oxygène. Les alpinistes emportent des bouteilles d'oxygène pour respirer.

Terre en colère

Sous les pieds de E.T., des forces terribles sont à l'œuvre ! Des volcans crachent une lave brûlante, des séismes font trembler la Terre et des vagues géantes s'écrasent sur les côtes...

Quand de la lave jaillit du sommet d'un volcan, on dit que le volcan entre en éruption.

La Terre tremble

Les mouvements de la croûte terrestre provoquent des séismes. Les plaques qui forment la croûte glissent, se détachent ou s'écrasent les unes sur les autres. La pression s'accumule dans les roches. Quand la pression est trop forte, les roches cèdent brusquement, la terre tremble, c'est un séisme.

DÉCOUVRE AVEC E.T.

Chang Heng, un savant chinois, a créé il y a 1 800 ans le premier détecteur de séismes. Quand la Terre tremblait, une boule tombait dans la bouche d'une grenouille !

Feu !

Un volcan naît quand la croûte terrestre craque et que la lave, de la roche fondue, jaillit à la surface.

Un volcan en éruption peut aussi cracher des cendres et des fumées toxiques. C'est un peu comme une bouteille de boisson gazeuse : si on l'agite et que le bouchon part, la pression est libérée, le liquide jaillit.

Il arrive qu'un séisme sous-marin secoue le fond des mers. Le choc déclenche alors une onde énorme qui se transforme en vagues. En approchant du rivage, ces vagues enflent et deviennent aussi hautes que des immeubles. En s'écrasant sur la côte, elles détruisent tout.

BOÎTE À INFOS

E.T. a recueilli tant de faits fascinants qu'il va pouvoir les envoyer sur sa planète, pour qu'ils soient analysés.

L'échelle de Richter permet de mesurer les séismes. Un séisme de niveau 1 est léger. Un séisme de niveau 9 est 100 millions de fois plus fort.

Les volcans peuvent naître soudainement. Le volcan Paricutín est né au Mexique en 1943. En un jour, il faisait 8 mètres de haut. En 1944, il mesurait 325 mètres.

Il y a 300 ans, sur les côtes du Japon, un raz de marée a tué 100 000 personnes.

Montagnes et vallées

Il faut avoir un cou aussi souple que celui de E.T. pour bien voir les montagnes ! Parfois elles sont si hautes que leur sommet est invisible. Elles sont le résultat de forces qui font bouger et plisser la croûte terrestre.

Dans les régions sèches, le vent agit comme du papier de verre. Le sable qu'il transporte use les roches, adoucissant leur relief et changeant peu à peu leur forme.

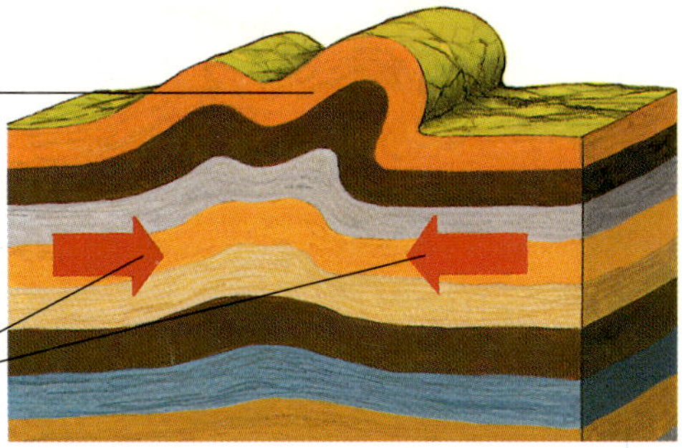

D'où sortent les montagnes ?

Quand des plaques de la croûte terrestre s'écrasent l'une contre l'autre, le sol s'élève et se plisse. Ainsi se sont formées les chaînes de montagnes, dont les longues lignes de crêtes traversent les continents. La pression peut aussi entraîner des blocs rocheux vers le bas, formant d'immenses crevasses.

Les chaînes

Les montagnes forment le plus souvent des ensembles appelés « chaînes ». En Europe, il y a les Alpes, les Rocheuses s'élèvent dans l'ouest de l'Amérique du Nord, et les Andes, dans l'ouest de l'Amérique du Sud. L'Himalaya, la chaîne la plus haute, se trouve en Asie.

Le plus haut sommet du monde est le mont Everest, 8 848 mètres. Il est situé dans la chaîne de l'Himalaya, entre l'Inde et le Tibet.

Les ennemis de la montagne

Le climat et l'eau détruisent les montagnes. La pluie dissout les roches les plus tendres, y formant des grottes. Les roches dures éclatent quand la pluie pénètre dans leurs fissures puis gèle. Les débris sont entraînés vers les rivières. Durant des millions d'années le Colorado, une rivière américaine, a creusé le Grand Canyon.

BOÎTE À INFOS

E.T. a recueilli tant de faits fascinants qu'il va pouvoir les envoyer sur sa planète, pour qu'ils soient analysés.

Les plus hautes montagnes sont les plus jeunes. L'Himalaya a atteint son record de hauteur il y a 1,5 million d'années.

La Rift Valley, en Afrique, provient d'un effondrement d'une partie du sol entre deux fissures. Cette vallée est longue de 6 400 km et profonde de 2 700 m.

Les Andes, en Amérique du Sud, forment la plus longue des chaînes de montagnes. Elle s'étend sur 7 600 km, de la mer des Caraïbes, au nord, à la pointe du Chili, au sud.

Les terres glacées

Si tous les océans de la Terre formaient un cocktail géant, l'Arctique serait les glaçons. Pour équilibrer cette calotte de glace située au nord, la Terre en a une autre, au sud. Là, les glaces recouvrent un continent immense : l'Antarctique.

Les ours polaires vivent sur les bords de l'océan Arctique et nagent dans ses eaux glacées. Ils chassent des poissons et des phoques.

S.O.S. TERRE !
Le climat se réchauffe et fait fondre glaciers et mers de glace. Bientôt la Terre pourrait n'avoir qu'une seule calotte de glace, au sud.

Nord et sud

L'Arctique est formé d'eau de mer gelée, épaisse de trois à quatre mètres. Son centre est le pôle Nord, point imaginaire autour duquel la Terre tourne. Les terres antarctiques sont couvertes d'une couche de glace épaisse de 2 000 mètres. Le centre en est le pôle Sud, l'autre axe de la planète.

De la glace qui glisse

Les glaciers, fleuves de glace, glissent lentement des montagnes enneigées. Le mouvement de la glace descendant la vallée dessine un U. Si un glacier atteint la mer, les morceaux qui se détachent forment des icebergs.

Les icebergs flottent dans la mer. Mais un iceberg a toujours une partie sous l'eau six fois plus grosse que la partie visible. Les navires doivent donc être très prudents. En 1912, le Titanic coula après avoir heurté un iceberg.

BOÎTE À INFOS

E.T. a recueilli tant de faits fascinants qu'il va pouvoir les envoyer sur sa planète, pour qu'ils soient analysés.

Les trois quarts de l'eau douce de la Terre sont constitués par les glaciers et les deux calottes polaires.

Dans l'Antarctique, la température est descendue un jour à −89,2 °C. À cette température, la plupart des thermomètres éclatent.

Si on répartissait la glace de l'Antarctique sur tous les continents, cela ferait une couche aussi haute qu'un immeuble de 14 étages.

Mers et océans

E.T. a pu constater que la Terre était une planète très humide ! Seul un quart de sa surface est sec. Le reste est recouvert par les eaux salées des mers et des océans. À lui seul, l'océan Pacifique couvre un tiers du globe.

L'eau de la mer est salée parce que les rivières dissolvent le sel de la terre et l'entraînent dans la mer. Mais la majorité du sel provient des roches sous-marines. Un verre d'eau de mer contient une cuillerée à café de sel.

Océans profonds

Mers et océans remplissent d'immenses bassins de la croûte terrestre. Les océans peuvent être profonds d'environ 4 kilomètres.

Les marées et les côtes

La gravité de la Lune et celle du Soleil attirent mers et océans, faisant monter et descendre leur niveau deux fois par jour. Ce sont les marées. Le vent qui souffle à la surface fait naître des vagues. Ces vagues attaquent les rochers de la côte, découpant falaises, grottes et baies. La mer en fait des galets et du sable, qu'elle roule sur le rivage, formant des plages.

Les récifs de corail

Dans les mers chaudes, des petits animaux vivent sur les rochers proches de la surface. Quand ils meurent, leurs squelettes-tubes forment le corail. À force, le corail peut devenir une île ou un récif, barrière de corail entre la pleine mer et le rivage.

BOÎTE À INFOS

E.T. a recueilli tant de faits fascinants qu'il va pouvoir les envoyer sur sa planète, pour qu'ils soient analysés.

À certains endroits, l'océan Pacifique a une profondeur de 11 km. C'est plus que la hauteur du mont Everest : 8,85 km.

La couche de vase du fond des océans est assez épaisse pour y enterrer les plus hauts des bâtiments : les Petronas Towers, en Malaisie (451,9 m).

Dans la baie de Fundy, au Canada, les marées font varier le niveau de la mer de près de 21 m en un jour.

Rivières, fleuves et marais

En serpentant vers la mer, les rivières et les fleuves sculptent la Terre, creusant des canyons, formant des vallées, emplissant les lacs et les marais, se jetant en cascades sur les rochers. E.T. aime la fraîcheur qui règne autour des cascades.

Sans fin

Le circuit de l'eau sur Terre est infini. Les nuages crèvent en pluie sur les terres. La pluie rejoint les rivières. Les rivières forment des fleuves, qui se jettent dans la mer. Le soleil réchauffe la mer, qui dégage de la vapeur. La vapeur devient nuages et le cycle recommence.

Où naissent les rivières ?

Quand il pleut, l'eau pénètre dans la terre jusqu'à rencontrer une roche dure. Là, l'eau forme une nappe, puis, petit à petit, se retrouve à la surface, où elle sort par une source. De nombreuses rivières viennent de sources, d'autres de lacs ou de marais.

Les marais

Les marais mêlent des parties inondées et des parties sèches. Il y a en a souvent au bord des rivières. Ils peuvent aussi se former là où la terre n'est pas assez en pente pour que l'eau s'écoule.

Une mangrove est un marais où les arbres retiennent la vase dans leurs racines. Beaucoup d'animaux y vivent.

S.O.S. TERRE !

Pour les humains, un marais ne sert à rien. Pour des millions d'oiseaux, c'est un refuge. Quand on assèche un marais, ces oiseaux perdent un lieu où se reproduire, se nourrir, se reposer.

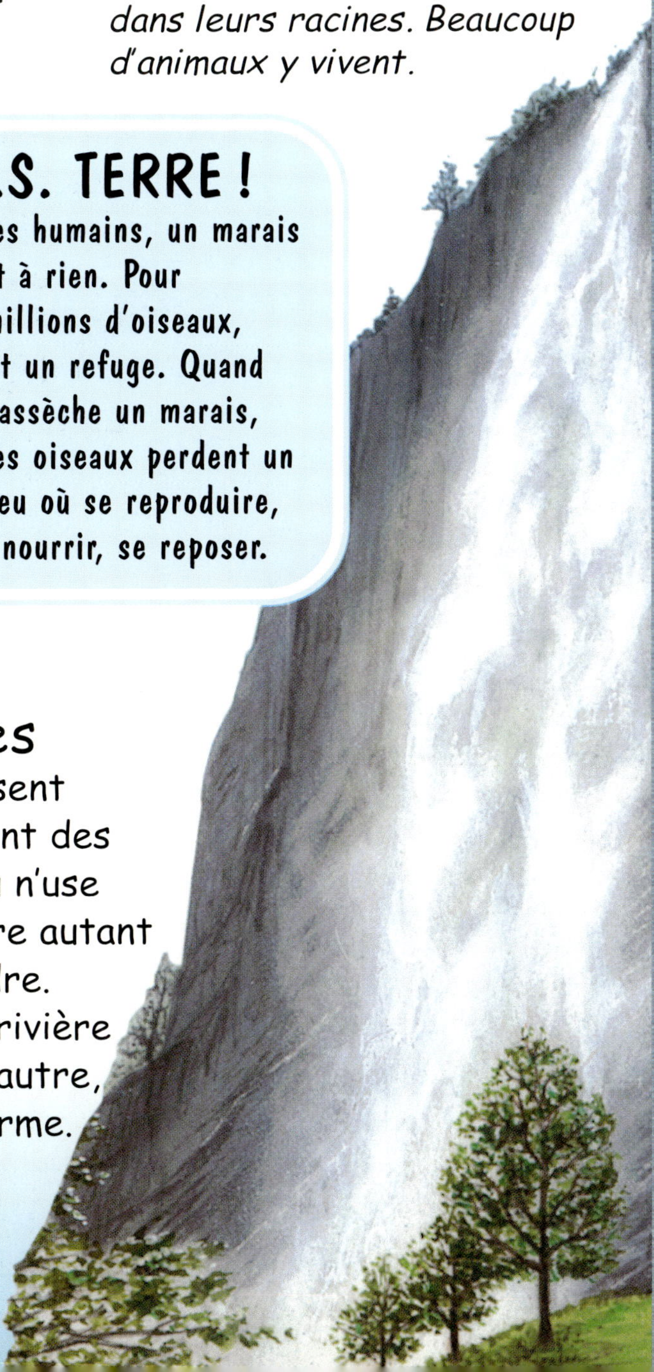

Les cascades

Les rivières creusent les roches, formant des vallées. Mais l'eau n'use pas une roche dure autant qu'une roche tendre. Alors, quand une rivière passe de l'une à l'autre, une marche se forme. Et peu à peu la cascade grandit.

BOÎTE À INFOS

E.T. a recueilli tant de faits fascinants qu'il va pouvoir les envoyer sur sa planète, pour qu'ils soient analysés.

Il y a beaucoup moins d'eau dans les rivières que dans les mers. Si on vidait les mers, il faudrait 37 000 ans aux rivières pour les remplir.

L'Amazone, en Amérique du Sud, est le plus long fleuve du monde (6 570 km). En une heure, il déverse dans la mer assez d'eau pour que tous les hommes de la Terre puissent prendre un bain !

Le lac Baïkal, en Russie, contient à lui seul un cinquième de toute l'eau douce (non salée) de la Terre.

Forêts et bois

Les arbres sont les géants de la nature. Poussant en groupe dans les forêts et les bois, ils participent à l'entretien de l'atmosphère. Les arbres nous fournissent du bois, des fruits, des remèdes. Les forêts abritent plus de la moitié des espèces de plantes et d'animaux du monde.

Les forêts de nombreuses régions ne sont vertes qu'au printemps et en été. Les arbres perdent leurs feuilles à l'automne et ne poussent plus en hiver.

Toujours vert !

Le sapin pousse dans les pays les plus froids. Ses feuilles sont des « aiguilles » et ses fleurs, des « cônes ». Il y a toujours des aiguilles sur l'arbre, on dit que c'est un arbre « à feuilles persistantes ».

SAPIN

S.O.S. TERRE !

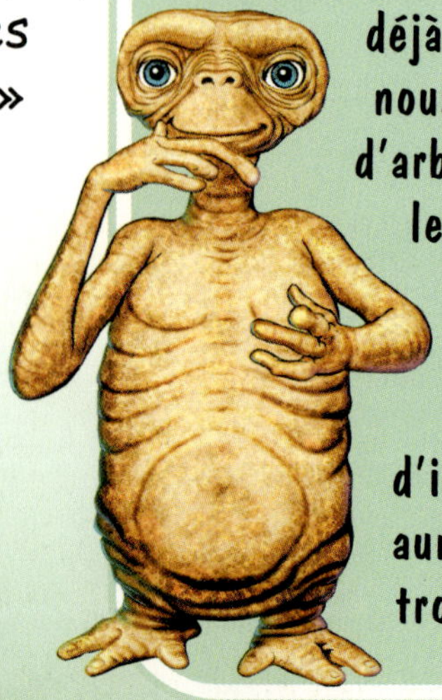

La moitié des grandes forêts ont déjà disparu parce que nous avons coupé trop d'arbres pour utiliser leur bois. Si on ne se décide pas à élever des arbres exprès pour leur bois, d'ici 2020 il n'y aura plus une forêt tropicale sur Terre.

Beaucoup de forêts sont faites d'un mélange d'arbres à feuilles persistantes et d'arbres à feuilles caduques (qui perdent leurs feuilles l'hiver).

Les forêts tropicales

Les forêts les plus chaudes et les plus humides sont situées dans les régions proches de l'équateur, ligne imaginaire qui sépare la Terre en son milieu. Ce sont les forêts tropicales. Elles sont constituées de trois couches : un épais toit de feuilles, une couche moyenne de plantes vertes, un sol couvert de mousses et de champignons. Ces forêts (et tous les arbres du monde) absorbent les gaz nocifs de l'air et rendent de l'oxygène.

Il y a dans ces forêts plus d'animaux et de plantes que partout ailleurs.

BOÎTE À INFOS

E.T. a recueilli tant de faits fascinants qu'il va pouvoir les envoyer sur sa planète, pour qu'ils soient analysés.

En une année, chaque famille européenne utilise plus de deux arbres sous forme de bois, de papier et d'autres produits tirés de l'arbre.

Les Indiens vivant dans les forêts tropicales d'Amérique du Sud connaissent plus de 1000 plantes qui soignent.

Sur une surface de forêt tropicale grande comme un stade vivent 42 000 espèces d'insectes différentes.

Les déserts

Certains déserts ressemblent tant à une autre planète qu'ils donnent envie à E.T de retourner chez lui ! Dans le désert, il pleut très rarement. Mais, en stockant l'eau, quelques êtres vivants parviennent à survivre dans la chaleur et la sécheresse.

Un chameau assoiffé peut vider une baignoire d'eau en 10 minutes.

Le Sahara, en Afrique du Nord, est le plus grand désert du monde.

DÉCOUVRE AVEC E.T.

Le désert d'Atacama, au Chili (Amérique du Sud), est l'endroit le plus sec de la Terre. Il n'y pleut que deux ou trois fois tous les 100 ans.

Comment naît le désert

Le soleil chauffe l'air humide au niveau de l'équateur. Cet air chaud et humide s'élève, puis retombe en pluie. Devenu sec, l'air n'a plus d'eau pour arroser les terres qu'il traverse ensuite. C'est pourquoi la plupart des déserts se trouvent de chaque côté de l'équateur. On peut voir des déserts sur les côtes si la mer rafraîchit et dessèche l'air.

Sable et pierres

Les déserts ne sont pas que d'immenses mers de sable. Les dunes de sable ne couvrent qu'un dixième du Sahara. Le désert est plutôt fait de roche nue, parfois couverte de pierres. Ce paysage rocheux est situé en Libye (Afrique du Nord).

Des êtres bien adaptés

Dans le désert, l'eau est si précieuse que les êtres qui y vivent ont des moyens de survie spéciaux. Les cactus de ce désert d'Amérique du Nord, par exemple, recueillent sur leurs épines l'eau contenue dans l'air. Les petits mammifères évitent la chaleur en se cachant le jour et en chassant la nuit. Les chameaux peuvent vivre en buvant très peu d'eau, car ils savent la stocker longtemps dans leur corps.

BOÎTE À INFOS

E.T. a recueilli tant de faits fascinants qu'il va pouvoir les envoyer sur sa planète, pour qu'ils soient analysés.

Le désert du Sahara est presque aussi grand que les États-Unis. Il couvre près de 8 600 000 km².

Le plus grand désert de sable est le Grand Désert de Libye. Le deuxième est le Grand Erg (« mer de sable ») d'Algérie.

L'Antarctique et d'autres régions froides où il pleut rarement sont aussi des déserts. Le sable, la roche nue et les déserts glacés couvrent un tiers de la Terre.

Les prairies

E.T. est parti faire un safari-photo dans la savane africaine pour découvrir les lions. Ce type de prairie est connu pour ses animaux impressionnants mais il existe des prairies sur chacun des continents.

Des noms différents

Chaque continent a son propre nom pour parler de la prairie. « Savane » en Afrique, « outback » en Australie, « pampa » en Amérique du Sud, « prairie » en Amérique du Nord, « steppe » en Asie centrale…

PRAIRIE D'AMÉRIQUE DU NORD

En dehors de la savane, plus humide, la plupart des prairies sont trop sèches pour que les arbres y poussent.

Les champs

Les céréales, comme le blé qui sert à faire la farine, sont des herbes d'un type particulier. Les fermiers ont défriché des prairies naturelles pour cultiver ces plantes alimentaires.

Pourquoi les zèbres sont rayés ?

La savane est dangereuse pour les zèbres et les autres grands herbivores (mangeurs d'herbe) chassés par les lions. Comme le zèbre ne peut se cacher nulle part, sa robe rayée l'aide à se confondre avec les hautes herbes. En plus, il court très vite.

S.O.S. TERRE !

25 millions de bisons vivaient dans les prairies d'Amérique du Nord. Vers 1870, les éleveurs venus d'Europe ont commencé à les chasser. 15 ans plus tard, presque tous les bisons avaient disparu.

BOÎTE À INFOS

E.T. a recueilli tant de faits fascinants qu'il va pouvoir les envoyer sur sa planète, pour qu'ils soient analysés.

Certaines prairies sont l'œuvre des hommes. En Nouvelle-Zélande par exemple, les Polynésiens ont créé des prairies en brûlant des forêts.

En Afrique, certaines prairies deviennent des déserts. Peu à peu l'herbe manque pour nourrir tous les herbivores.

Les incendies dus à la foudre aident certaines plantes de la savane. La chaleur fait tomber leurs graines. Le feu brûle les hautes herbes, ce qui permet aux graines de pousser.

La vie sur Terre

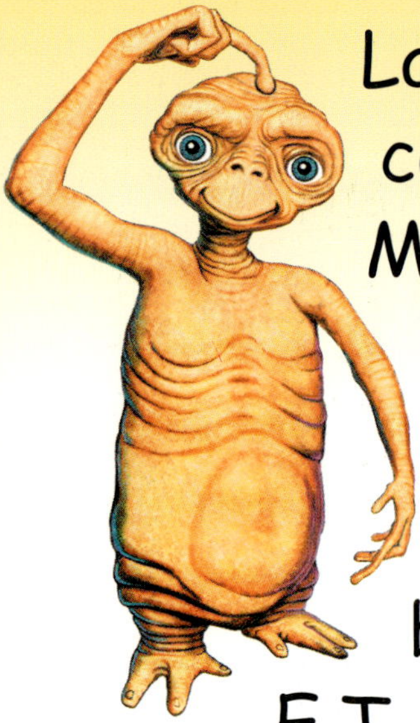

La Terre est la seule planète connue où l'homme existe. Mais bien des animaux et des plantes vivaient déjà sur Terre avant lui. Par intérêt ou négligence, nous tuons beaucoup d'êtres vivants. E.T. le sait, nous devons mieux protéger notre belle planète.

Lumière = vie

Sans la lumière du Soleil, il n'y aurait pas de vie sur Terre. Les plantes en ont besoin pour pousser. Les animaux ont besoin des plantes pour se nourrir. Les hommes ont besoin des uns et des autres.

Différents types de vie

La plupart des choses vivantes qui nous entourent sont des plantes ou des animaux. Une plante est un être plus simple qu'un animal. Elle pousse grâce à une substance dans ses feuilles qui transforme l'eau, l'air et la lumière en nourriture. Un animal mange des plantes, ou d'autres animaux. Une plante ne se déplace pas. Un animal, oui. Et il peut voir et entendre.

Des milliers de plantes et d'animaux vivent dans les forêts tropicales.

Des petites créatures qu'on appelle plancton peuplent les mers. Elles nourrissent les poissons.

Lent changement

La vie est apparue sur Terre il y a 2 milliards d'années. Les premiers êtres étaient de petites créatures marines. Puis un lent changement, qu'on appelle l'évolution, a créé une grande variété d'êtres vivants. La vie sur Terre dépend de cette variété.

Les gaz que le charbon et le pétrole dégagent en brûlant réchauffent le climat. Cela menace de nombreuses espèces.

Planter des arbres aide à lutter contre les gaz qui réchauffent la Terre, mais cela ne peut pas remplacer les espèces disparues.

Le futur de la planète

Les hommes empoisonnent l'air et l'eau de la Terre avec des produits chimiques. Ils détruisent aussi des forêts, des marais et d'autres paysages. Souvent, cela entraîne la mort d'espèces. Si l'homme ne fait pas plus attention, plus rien ne pourra vivre sur Terre.

BOÎTE À INFOS

E.T. a recueilli tant de faits fascinants qu'il va pouvoir les envoyer sur sa planète, pour qu'ils soient analysés.

Il y a plus de 13 millions d'espèces différentes vivant sur Terre. Il y en a tant que les chercheurs n'ont décrit et nommé qu'un huitième d'entre elles.

Depuis que l'être humain est sur Terre, les autres êtres vivants disparaissent 1 000 fois plus vite.

Chaque année, on découvre 7 000 nouvelles espèces d'insectes. Récemment, on a trouvé une larve d'insecte dans un glacier près du pôle Sud.

BON VOYAGE !

E.T. a trouvé tout ce qu'il cherchait sur notre planète. Il est prêt à retourner chez lui. Aide-le à retrouver son vaisseau spatial.

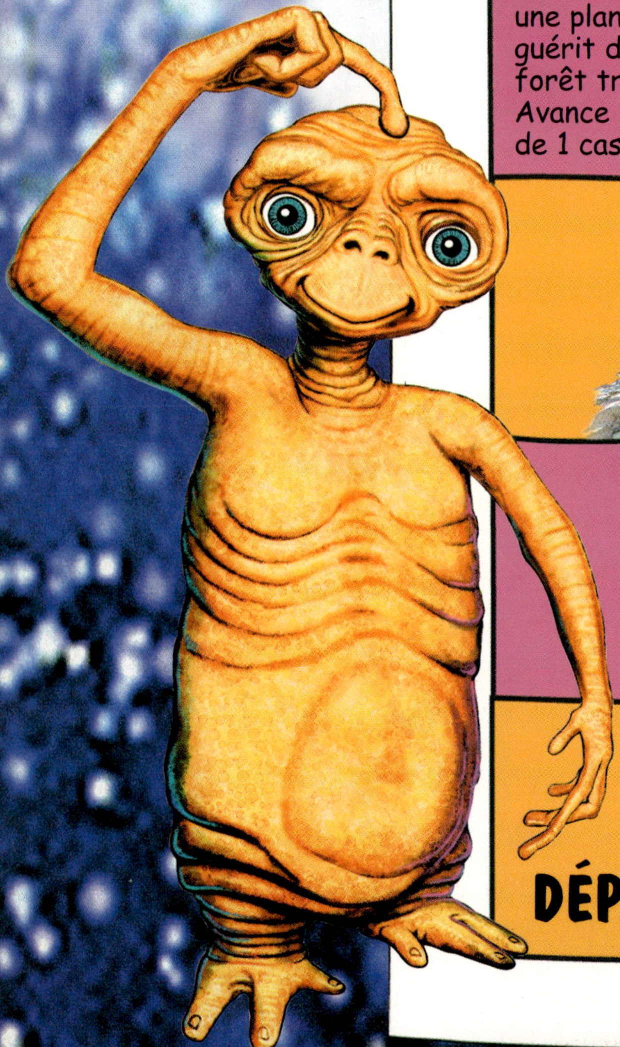

…ette les dés et déplace-toi d'autant de cases. Quand tu es arrivé, E.T. peut partir.

7	45	46	47 Tu te sers d'une bombe aérosol pleine de CFC. Retourne à la case 32.	Il y a de la vie sur la planète que tu as découverte. Avance de 1 case.	C'EST PARTI !
5	34 Tu trouves un fossile fabuleux. Avance à la case 44.	33	32	31 Un séisme te fait redescendre à la case 28.	30
4	25	26 Piégé dans un désert sans eau. Retourne 2 cases en arrière.	27	28	29 L'éruption d'un volcan te renvoie à la case 10.
5 ts. e 3.	14 Tu glisses dans le Grand Canyon. Retourne à la case 5.	13	12 Tu trouves un grenat. Avance de 4 cases.	11	10
4	5	6 Que dit le garçon volcan à la fille volcan ? I lave you.	7	8 Surfe sur une vague géante jusqu'à la case 11.	9

Index